龐中華文化藝術

中国硬笔书法第一人

当选国际硬笔书法家联盟主席
被联合国美术家协会授予『终身成就奖』

庞中华硬笔书法系列

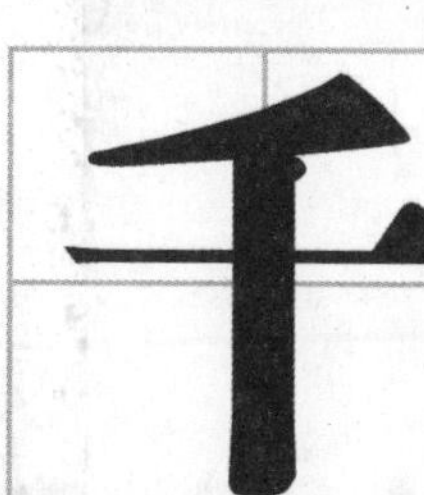新千字文

行楷钢笔字帖

高占祥 赵缺/著
庞中华/书法
黯香斋/注释解析

吉林出版集团 時代文藝出版社

图书在版编目（CIP）数据

新千字文 / 庞中华著.— 长春：时代文艺出版社，2012.3

ISBN 978-7-5387-3975-6

Ⅰ.①新… Ⅱ.①庞… Ⅲ.①汉字—硬笔字—法帖 Ⅳ.①J292.12

中国版本图书馆CIP数据核字（2012）第016552号

出 品 人　陈　琛
选题策划　空林子
责任编辑　焦　瑛
插图绘制　陈春泥
装帧设计　孙　俪
排版制作　杜佳钰

新千字文

高占祥 赵缺 著　　庞中华 书法　　黯香斋 注释解析

出版发行 / 吉林出版集团 时代文艺出版社
地址 / 长春市泰来街1825号　吉林出版集团 时代文艺出版社　邮编 / 130011
总编办 / 0431-86012927　发行科 / 0431-86012939
网址 / www.shidaicn.com
印刷 / 吉林省金昇印务有限公司
开本 / 787×1092毫米　1 / 16　字数 / 80千字　印张 / 11.75
版次 / 2012年5月第1版　印次 / 2012年5月第1次印刷　定价 / 24.00元

图书如有印装错误请寄回印厂调换

目 录

新千字文

楷体

云蒸沧海 雨润桑田
阴阳世界 造化黎元
羲农开辟 轩昊承传
魃凌涿鹿 熊奋阪泉
四凶伏罪 群兽听宣
垂裳拱手 击壤欢颜
挽弓射日 采石补天
巢由小隐 稷契大贤
触峰贻患 治水移权
繇惟北面 舜竟南迁

洪荒待考虚诞连篇
聊将俊杰尽作神仙

神农氏

桀	纣	多	情	履	发	能	征
每	言	失	道	必	曰	倾	城
戮	兄	叔	旦	述	父	武	庚
败	皆	怙	恶	成	则	彰	名
三	王	既	殁	诸	霸	迭	兴
七	雄	更	勃	百	战	不	宁
起	甘	杀	妇	羊	忍	啜	羹
枉	称	顺	逆	漫	说	纵	横
楚	户	秦	俑	燕	台	赵	坑
推	诚	赴	会	转	瞬	渝	盟

役丁困死　戍卒求生

饱经丧乱　渴望升平

褒姒

始皇暴戾 赤帝刚柔

俱为一统 谁得千秋

遂分郡县 稍褫公侯

豪侠饮恨 渔樵忘忧

九畿旌旆 万里丝绸

计出帷幄 功归冕旒

或逢外戚 空逞叛谋

秀堪应谶 莽固招尤

汉廷何在 洛邑另修

往来阉宦 蹴踏清流

魏晋受禅 陶虞蒙羞
蜀申炎祚 吴访夷洲

秦始皇

瑜亮已逝　干戈且终
尘侵塞内　烟锁江东
六朝斜月　五族飘风
尔登宝殿　朕坐囚笼
投鞭踊跃　挥麈雍容
锋芒闪烁　血泪混融
隋代至伟　齐州复同
寒窗苦读　进士荣封
杨凋李继　周退唐隆
长明乃晦　极盛而穷

怯谈藩镇 愁看深宫

篡臣交替 僭主相攻

武则天

稚	童	徒	泣	点	检	难	防
惯	冲	营	阵	巧	取	庙	堂
力	除	前	弊	反	致	后	殃
但	吞	闽	岭	未	定	朔	方
虽	繁	市	肆	屡	帐	边	疆
凄	惶	离	汴	逸	乐	居	杭
欺	心	奸	佞	涅	背	忠	良
仍	遭	德	祐	敢	忆	靖	康
狼	奔	沃	野	龙	没	汪	洋
怒	声	幽	咽	浩	气	苍	凉

匹	夫	举	义	衲	子	安	邦
勋	贵	并	翦	恩	威	远	航

郑和

花	鼓	久	唱	胡	弦	又	弹
八	旗	猛	烈	十	室	隳	残
细	删	坟	典	强	改	衣	冠
扰	绥	奴	婢	震	慑	戎	蛮
欧	师	美	旅	锐	炮	坚	船
惕	兢	揖	盗	慷	慨	和	蕃
叠	消	积	雪	夜	涌	狂	澜
金	銮	骤	废	火	凤	频	燃
秣	陵	惨	怖	缅	甸	辛	酸
粟	枪	驱	寇	镰	斧	劈	山

凿	穿	愚	昧	扫	净	冥	顽
红	霞	普	照	碧	宇	偕	攀

慈禧

先哲所知 今我之资
卷丰旨博 意畅魂驰
白马诡辩 青牛玄思
商韩利害 孔孟孝慈
兵家有策 墨者无私
观星邹衍 问稼樊迟
斩蛟驭鹤 跨象乘狮
法休妄悟 戒可恒持
真佛劝善 伪僧媚时
常存正念 莫祷淫祠

随缘似懒　格物若痴
勉探精粹　渐却瑕疵

孔子

嬴	政	焚	书	刘	彻	尊	儒
独	裁	专	制	异	轨	殊	途
仆	非	轻	贱	君	自	寡	孤
澹	然	朱	紫	妙	矣	莼	鲈
奉	亲	首	责	报	国	宏	图
睦	友	以	信	悦	妻	如	初
爱	当	掷	果	贞	只	还	珠
女	宜	立	业	男	亦	入	厨
礼	须	微	薄	仪	忌	粗	疏
禁	奢	从	俭	守	洁	去	污

理争尺寸 财舍锱铢

临危谨慎 闻诟糊涂

潘安

华夏巍峨 文章笋峙

窥渊豹斑 步趋麟趾

断竹鸣歌 结绳纪事

甲骨撰辞 鼎碑刻字

嗟咏饥劳 颂吟祭祀

藉此抒怀 因其阐志

荷锄展喉 抛笏戟指

抱蕙兰芬 吐蔷薇刺

骚屈哀民 漆庄避仕

盲岂误编 腐犹著史

萧瑟毫端 扶摇胸次

倚案抚膺 破霄振翅

庄周

瑶琴古韵 牙板新腔

濯莲沁酒 漱玉含霜

诗宗老杜 词祖重光

律工沈宋 艺让苏黄

桃源遗迹 柳岸余觞

艳撩蝶舞 醉激鹰扬

曲喧茶社 赋售椒房

俚音跌宕 骈句铿锵

松龄话鬼 芹圃怜香

病魔噬体 呓语牵肠

谦	益	节	妓	晓	岚	幸	倡
笔	加	脂	粉	愧	及	膏	肓

李清照

胜	境	欲	描	旧	籍	易	抄
熟	谙	脉	络	勿	惑	皮	毛
行	间	璀	璨	灯	下	寂	寥
少	年	涉	涧	壮	岁	弄	潮
请	呈	朋	辈	共	励	儿	曹

新千字文

行书

云蒸沧海 雨润桑田

阴阳世界 造化黎元

羲农开辟 轩昊承传

魃凌涿鹿 熊奋阪泉

四凶伏罪 群兽听宣

垂裳拱手 击壤欢颜

挽弓射日 采石补天

巢由小隐 稷契大贤

触峰贻患 治水移权

鲧惟北面 舜竟南迁

洪荒待考虚诞连篇

聊将俊杰尽作神仙

桀纣多情　履发能征
每言失道　必曰倾城
戮兄叔旦　述父武庚
败皆怙恶　成则彰名
三王既殁　诸霸迭兴
七雄更勃　百战不宁
起甘杀妇　羊忍啜羹
枉称顺逆　漫说纵横
楚户秦俑　燕台赵坑
推诚赴会　转瞬渝盟

役	丁	困	死	戍	卒	求	生
饱	经	丧	乱	渴	望	升	平

始	皇	暴	戾	赤	帝	刚	柔
俱	为	一	统	谁	得	千	秋
遂	分	郡	县	稍	褫	公	侯
豪	侠	饮	恨	渔	樵	忘	忧
九	畿	旌	旆	万	里	丝	绸
计	生	帷	幄	功	归	冕	旒
或	逢	外	戚	空	逞	叛	谋
秀	堪	应	谶	莽	固	招	尤
汉	廷	何	在	洛	邑	另	修
往	来	阉	宦	蹴	踏	清	流

魏	晋	受	禅	陶	虞	蒙	羞
蜀	中	炎	祚	吴	访	夷	洲

瑜亮已逝 干戈且终

尘侵塞内 烟锁江东

六朝斜月 五族飘风

尔登宝殿 朕坐囚笼

投鞭踊跃 挥麈雍容

锋芒闪烁 血泪混融

隋代至伟 齐州复同

寒窗苦读 进士荣封

杨凋李继 周退唐隆

长明乃晦 极盛而穷

怯谈藩镇 愁看深宫
篡臣交替 僭主相攻

稚童徒泣 点检难防
惯冲营阵 巧取庙堂
力除前弊 反致后殃
但吞闽岭 未定朔方
虽繁市肆 屡怅边疆
凄惶离汴 逸乐居杭
欺心奸佞 涅背忠良
仍遗德祐 敢忆靖康
狼奔沃野 龙没汪洋
怒声幽咽 浩气苍凉

匹夫举义 衲子安邦
勋贵弃翦 恩威远航

花	鼓	久	唱	胡	弦	又	弹
八	旗	猛	烈	十	室	隳	残
细	删	故	典	强	改	衣	冠
扰	绥	奴	婢	震	慑	戎	蛮
欧	师	美	旅	锐	炮	坚	船
惕	兢	揖	盗	慷	慨	和	蕃
叠	消	积	雪	夜	涌	狂	澜
金	銮	骤	废	火	凤	频	燃
秣	陵	惨	怖	缅	甸	辛	酸
粟	枪	驱	寇	镰	斧	劈	山

凿穿愚昧 扫净冥顽
红霞普照 碧宇偕攀

先哲所知　今我之资
卷丰旨博　意畅魂驰
白马诡辩　青牛玄思
商韩利害　孔孟孝慈
兵家有策　墨者无私
观星邹衍　问稼樊迟
斩蛟驭鹤　跨象乘狮
法休妄悟　戒可恒持
真佛劝善　伪僧媚时
常存正念　莫祷淫祠

随缘似懒 格物若痴
勉探精粹 渐却瑕疵

嬴政焚书 刘彻尊儒
独裁专制 异轨殊途
仆非轻贱 君自寡孤
澹然朱紫 妙矣莼鲈
奉亲首责 报国宏图
睦友以信 悦妻如初
爱当掷果 贞只还珠
女宜立业 男亦入厨
礼须微薄 仪忌粗疏
禁奢从俭 守洁去污

理	争	尺	寸	财	舍	锱	铢
临	危	谨	慎	闻	诟	糊	涂

华夏巍峨 文章笋峙
窥测豹斑 步趋麟趾
断竹鸣歌 结绳纪事
甲骨撰辞 鼎碑刻字
嗟咏饥劳 颂吟祭祀
籍此抒怀 困其阐志
荷锄展喉 抛笏戟指
抱蕙兰芬 吐蔷薇刺
骚屈哀民 漆庄避仕
盲岂误编 腐犹著史

萧瑟毫端 扶摇胸次

倚案抚膺 破霄振翅

瑶琴古韵 牙板新腔

濯莲沁酒 漱玉含霜

诗宗老杜 词祖重光

律工沈宋 艺让苏黄

桃源遗迹 柳岸余觞

艳撩蝶舞 醉激鹰扬

曲喧茶社 赋售椒房

俚音跌宕 骈句铿锵

松龄诣鬼 芹圃怜香

病魔噬体 呓语牵肠

谦益节妓 晓岚幸倡

笔加脂粉 愧及膏肓

胜境欲描 旧籍易抄

熟谙脉络 勿惑皮毛

行间璀璨 灯下寂寥

少年涉涧 壮岁弄潮

请呈朋辈 共励儿曹

新千字文

释析
注解

云蒸沧海　雨润桑田

【注释】

蒸：升腾；沧海：大海；润：润泽、滋润；桑田：种植桑树之田野，亦可泛指农田，人们常以沧海桑田（沧海变成了桑田，桑田又变成了沧海）来比喻人世间所发生的巨大变化。

【解析】

宇宙中的一切都在发生着或急或缓的变化：沧海之云变成了桑田之雨，桑田之雨又变成了沧海之云……在这周而复始的循环中，沧海与桑田也在悄然转化。昨日云是今日雨，今日海是明日田。岁月悠悠，沧桑几度，当绵绵春雨再次投入桑田的怀抱时，不知“她”能否想起昔日“云蒸沧海”的那一段前缘呢？

阴阳世界　造化黎元

【注释】

阴阳：华夏先民把天地万物概括为“阴”、“阳”两个对立范畴，并以双方变化的原理来诠释宇宙规律；世界：“世”是时间概念，“界”是空间概念，“世界”就是天地万物的总和；造化：创造、化育，此处亦指造物、进化；黎元：“黎”是“众多”的意思，“元”是“初始”的意思，“黎元”就是“人民”的意思。

【解析】

孤阴不生，独阳不长，天地万物秉阴阳二气所生。作为万物之灵的人类，是天神所造，还是猿猴所化？这应是每一个人都会关心的问题。

羲农开辟　轩昊承传

【注释】

羲（xī）：指伏羲氏，华夏人文始祖，传说中，他曾根据天地万物的变化，绘制了八卦图；农：指神农氏，又称炎帝，传说中农业与中医的发明者；轩：指轩辕氏，即黄帝；昊：指少昊氏，远古时代东夷部落的领袖。

【解析】

伏羲氏是中华文化力的开创者，神农氏是中华生产力的开创者，而轩辕氏与少昊氏则是中华民族“夏”、“夷”两脉的祖先。多元化的文明与血缘，构成了不可分割的中华民族。

魃凌涿鹿 熊奋阪泉

【注释】

魃（bá）：即旱魃，据说是黄帝的女儿，能带来旱灾；涿（zhuō）鹿：古地名，今属河北省，传说黄帝曾与蚩尤在涿鹿发生恶战，最终黄帝在魃的帮助下，打败了蚩尤；熊：一种猛兽，有可能是黄帝部族的图腾（黄帝又号有熊氏）；阪泉：古地名，今属山西省（一说属河北省），据《史记·五帝本纪》记载，黄帝曾率领熊、罴、貔、貅、貙（chū）、虎，与炎帝战于阪泉之野。

【解析】

涿鹿之战与阪泉之战是奠定黄帝领袖地位的两次战役。所谓的魃、熊、罴、貔、貅、貙、虎等，也许只是远古时代某些部族的图腾。据考证，貔貅（貔为雄、貅为雌）应该就是大熊猫，很难想象，黄帝会赶着一群大熊猫上战场。

四凶伏罪　群兽听宣

【注释】

四凶：传说中远古时代的四大怪兽，即浑沌、饕餮（tāotiè）、穷奇、梼杌（táowù），舜帝即位后，将不服他统治的四个部族流放到蛮荒之地，并称之为四凶；伏罪：接受应有的惩罚；群兽：各种野兽，也指以各种野兽为图腾的部族；听宣：听候命令。

【解析】

所谓“四凶”与“群兽”，都只是被征服的部族，但由于年代久远，实迹难考，所以难免带有神话的色彩。

垂裳拱手　击壤欢颜

【注释】

垂裳（cháng）拱手：指帝王无为而治；击壤：远古时代的一种投掷游戏。

【解析】

天下太平就不必施用武力和刑罚，不妨无为而治，安坐江山，而老百姓则可以享受闲适安乐的生活。垂拱而治的统治者，并非完全无所作为，只是尽量做到不剥民、不扰民而已。

挽弓射日　采石补天

【注释】

挽弓射日：传说尧帝时，天上出现了十个太阳，气候异常炎热，草木、庄稼濒临灭绝，在尧帝的指派下，神箭手后羿用弓箭射下了九个太阳；采石补天：传说女娲曾采集、炼就五色石，修补破裂的苍天。

【解析】

后羿、女娲既是传说中的英雄，也可能是远古时代某些部族的首领。后羿之“后”，是“君主、王者”的意思，并非前后之“后”。

巢由小隐　稷契大贤

【注释】

巢由：即巢父、许由，两人都是尧帝时代的隐者，许由还曾拒绝继承尧的帝位；小隐：指山野中的隐士，古人认为，小隐隐于野，中隐隐于市，大隐隐于朝；稷契：指后稷（jì）与契（xiè），两人均为远古名臣。

【解析】

稷是周王朝的祖先，契是商王朝的祖先，两人之所以能名垂万古，应与他们的子孙不无关系。

触峰贻患　治水移权

【注释】

触峰：撞击山峰，指共工怒触不周山，传说共工与颛顼（zhuānxū）争夺帝位，失败后一怒之下撞倒了不周山；贻患：留下祸患，共工触峰后引发洪水，给人民带来了灾难；治水：指大禹治水；移权：转移权力。

【解析】

触峰是失败者的愤怒，治水是成功者的阶梯。远古时代政权的转换，并非只是温情脉脉的“禅让”。

繇惟北面　舜竟南迁

【注释】

繇（yáo）：即皋陶（gāoyáo），远古时代的著名司法官；惟：只有、只是；北面：此处指充当臣子，古代君主面南而坐，故北面有臣服之义；舜：即大舜，远古时代的明君；南迁：向南迁徙、巡游。

【解析】

传说大禹即位后，曾立贤臣皋陶为继承人，可是皋陶却比大禹年长，根本就没有机会继承大禹的君位。皋陶死后，大禹又立贤臣伯益为继承人，没多久大禹也去世了，这时诸侯对伯益这个人还不太熟悉，于是便推戴大禹的儿子夏启为天子。从此，世袭制便成功取代了禅让制。

大舜南巡，其真相可能是被大禹流放。传说大舜晚年，忽然抛下妻子，莫名其妙地跑去南方，并最终死在了苍梧之野。

洪荒待考　虚诞连篇

【注释】

洪荒：混沌蒙昧的状态，指远古时代；待考：有待考证；虚诞连篇：荒诞虚幻的故事一篇接一篇。

【解析】

岂止洪荒待考，史书上又有多少事情能让读者坚信不疑呢？

聊将俊杰 尽作神仙

【注释】

聊：姑且；俊杰：才智杰出之人，此处指成功者。

【解析】

历史是由成功者编纂的。远古时代的成功者被美化成了神仙，而之后的成功者则往往被美化成了圣贤、君子。

桀纣多情　履发能征

【注释】

桀：夏朝末代君主，宠幸美人妺（mò）喜；纣：商朝末代君主，宠幸美人妲己；多情：此处指重男女之情；履：指成汤，姓子，名履，商朝开国君主；发：指周武王，姓姬，名发，周朝开国君主；能征：善于征伐。

【解析】

成汤、周武王通过武装征伐，夺取了夏桀、商纣的江山，并把他们的名字，永远钉在了“暴君”这一耻辱柱上。值得玩味的是，桀、纣所犯下的罪行，居然如出一辙，毫无二致，仿佛是同一个故事的两个版本。

每言失道　必曰倾城

【注释】

失道：违背道义，此处指君主因违背治国之道而败亡；倾城：指美女误国、亡国。

【解析】

桀有妹喜，纣有妲己，而西周的末代君主周幽王则有褒姒。古代史官常把丧邦之责推到美女身上，其实，这也未必全是冤案，譬如近代的慈禧，便是一个“倾城”的典型。

戮兄叔旦　述父武庚

【注释】

戮：杀害、侮辱；叔旦：即周公，周文王第四子，姓姬，名旦，周公曾杀死自己的兄长管叔；述父：此处指继承父志；武庚：商纣王之子，商朝灭亡后，武庚被周朝统治者安置于殷商故地，并遭到了监管，为了复兴故国，武庚联合周文王之子管叔、蔡叔、霍叔发动了叛乱，在周公的铁血镇压下，武庚失败被杀。

【解析】

周公是杀害兄长的“圣人”，而武庚则是继承父志的“叛贼”。善恶、正邪，历代史官谁能作出客观评价？

败皆怙恶　成则彰名

【注释】

怙（hù）恶：坚持作恶；彰名：扬名显姓。

【解析】

原来，“大圣人”周公如果失败，那他就是“怙恶不悛（quān）的叛贼”，“大叛贼”武庚如果成功，那他就是“名垂千古的圣人”。“败皆怙恶，成则彰名”，明白这两句话，才可阅读史书。

三王既殁　诸霸迭兴

【注释】

三王：指夏、商、西周三代之君；殁（mò）：终结、死亡；诸霸：指春秋时代的霸主，如齐桓公、宋襄公、晋文公、秦穆公、楚庄王等；迭兴：相继兴起。

【解析】

夏、商、西周是“王道”时代，西周灭亡后，诸侯互相攻伐，中国进入了“霸道”时代。“王道”推崇“仁义”，“霸道”追求“功利”，但“霸道”与“王道”并不对立。春秋时代的霸主，多数都打着“尊王攘夷”的旗号。可以说，在“王”衰微时，“霸”作为效率更高的生力军，支撑了“王”的尊严与生命。

七雄更勃　百战不宁

【注释】

七雄：指战国时代的七大诸侯国，即秦、齐、楚、燕、韩、赵、魏；更（gēng）：更迭；勃：旺盛、兴起。

【解析】

经过长期的战乱、兼并，周朝诸邦只剩下了七大诸侯国（另有个别小国，可忽略不计），但这七国却仍然不断发动战争，给社会带来了深重的灾难。

起甘杀妇　羊忍啜羹

【注释】

起：指吴起，战国时代著名军事家，周威烈王十四年，齐国进攻鲁国，鲁侯有意任用吴起为大将，但因吴起之妻为齐国人，所以犹豫不决，为了获得鲁侯信任，吴起杀死了妻子；甘：甘愿；妇：此处指妻子；羊：指乐羊，战国时代魏国将领，在一次战争中，其子被敌方杀害，烹作肉羹，乐羊当众把肉羹吃了下去；啜（chuò）：饮、吃。

【解析】

恩爱莫过夫妻，情深莫过父子。为了获得成功，名将们连爱妻都能杀，连儿子都能吃。据《列女传》记载，乐羊之妻是一名贤妇，曾激励丈夫求学立业，如果能预料“啜羹”之事，恐怕她宁愿丈夫做个平凡的农夫吧！

枉称顺逆　漫说纵横

【注释】

枉：徒然；顺逆：此处指顺应或违背天命；漫：随意；纵横：合纵、连横，商鞅变法之后，秦国日趋强大，因此其余六国出现了合纵抗秦与连横事秦两种论调。

【解析】

战国时代的竞争，只有成败之分，并无顺逆之义。合纵、连横，都是“外交”策略。合纵之要在于联合弱国，抵抗强国；连横之要在于拉拢强国，兼并弱国。事实证明，合纵有助于六国抵抗秦国的入侵，但六国各怀私心，不能同心协力，因此最终被各个击破。

楚户秦俑　燕台赵坑

【注释】

楚户：楚地的人家，据《史记·项羽本纪》记载：“故楚南公曰：‘楚虽三户，亡秦必楚’也”；秦俑：秦国的兵马俑；燕台：又称黄金台、招贤台，燕昭王曾高筑黄金台招纳贤士；赵坑：指长平之战后，四十万赵国降卒的葬身之坑。

【解析】

楚户象征着失败者的泣血宣言，秦俑象征着胜利者的赫赫武功，燕台象征着大人物的风云际会，赵坑象征着小人物的任人宰割，四个意象映出了一组荡气回肠，却又令人窒息的画面。

推诚赴会　转瞬渝盟

【注释】

推诚：以诚心相待；赴会：参加盟会；转瞬：非常短暂的一瞬间；渝盟：背叛盟约。

【解析】

战国时代各国之间的“外交”，频繁而又毫无信义可言，因此强大的秦国，才有机会欺骗、分化各国，最终实现统一大业。

役丁困死　戍卒求生

【注释】

役丁：服劳役者；戍（shù）卒：防守的兵士。

【解析】

沉重的劳役使百姓困顿欲死，而士卒却厌战求生。历史上最著名的戍卒，当属陈胜、吴广，他们为求生路，揭竿而起，从而敲响了大秦帝国的丧钟。

饱经丧乱　渴望升平

【注释】

丧乱：死亡祸乱，多形容时势或政局动乱；升平：社会安定，天下太平。

【解析】

兼并战争并不符合民心，但大一统的帝国却能在客观上减少战乱，给人民带来相对稳定的生活。

始皇暴戾　赤帝刚柔

【注释】

始皇：即秦始皇；暴戾（lì）：残暴凶狠；赤帝：此处借指大汉帝国的统治者，按五行之说，汉朝应属火德，而赤帝则为火德之主；刚柔：刚柔并济的统治手腕。

【解析】

残暴凶狠的秦始皇与刚柔并济的汉天子，谁更善于治理江山呢？

俱为一统　谁得千秋

【注释】

俱为：全都做到；千秋：此处指千秋万代的统治。

【解析】

秦始皇与汉高帝都统一了中国，他们都希望自己打下的江山可以千秋万世，代代相传。结果，大秦帝国只传了两代便匆匆灭亡，而大汉帝国的生命，则长达四百多年。

遂分郡县　稍褫公侯

【注释】

郡县：古代两级行政单位，秦始皇统一中国后，废除西周分封制，将全国分为三十六郡，每一郡下辖若干县，大汉帝国基本继承了秦朝的郡县制，但出于统治需要，仍然分封了大量诸侯；稍：逐渐；褫（chǐ）：革去，剥夺；公侯：原指公爵与侯爵，此处特指诸侯。

【解析】

汉高帝刘邦登基后，斩杀功臣，几乎消灭了所有的异姓王（如韩信、英布等），但真正击垮诸侯势力的却是汉武帝。汉武帝颁发推恩令，规定诸侯王除了可以将王位传给嫡长子外，还可以把疆土分封给其他儿子。结果诸侯国越分越小，势力逐步削弱，大汉天子终于实现了中央集权。

豪侠饮恨 渔樵忘忧

【注释】

豪侠：豪强任侠之人；饮恨：抱恨而无由陈诉；渔樵：渔夫、樵夫，此处指代淡泊名利的劳动者。

【解析】

大汉帝国的统治者，不仅杀戮了大量功臣，而且还对豪强、侠客进行了严酷打击，但与此同时，普通百姓却暂时过上了相对安乐的生活。

九畿旌旆 万里丝绸

【注释】

九畿（jī）：指含少数民族地区在内的中华国土；旌旆（jīngpèi）：旗帜，此处借指军队。

【解析】

讨伐匈奴固然是一项伟大的事业，但却不免劳民伤财。“九畿旌旆”看似赞扬，其实却带有一些讽刺意味。

汉武帝派遣张骞出使西域，原先只是一种军事策略——联合远在西域的大月氏（zhī）抗击匈奴，但最终这项行动却演化成了一组“西游记式”的史诗，并且直接导致了丝绸之路的开通。

计出帷幄　功归冕旒

【注释】

计：计策、谋略；帷幄：军帐，此处指代将帅；冕旒（liú）：一种皇冠，此处指代皇帝。

【解析】

打仗也好，出使也好，其实主要都是将帅、士卒在那里出谋划策，冲锋陷阵。可是人们却往往喜欢把功劳算在皇帝头上。下级出力，上级出名，这种现象在当今中国仍然比比皆是。

或逢外戚　空逞叛谋

【注释】

或：间或、有时；外戚：帝王的姻亲或母族。

【解析】

大汉皇朝由始至终都不时上演着外戚专权、反叛的闹剧。吕氏、霍氏、王莽……每一次反叛，都未能取得最后的成功（曹操之女虽然亦为汉献帝皇后，但曹氏并非以外戚著称，所以不应在此行列）。

秀堪应谶　莽固招尤

【注释】

秀：指汉光武帝刘秀，汉景帝后裔，东汉皇朝的建立者；堪：能，当得起；谶（chèn）：将要应验的预言、预兆；莽：指王莽，曾一度代汉自立，最终被复兴汉室的义军击灭；固：本来、执意；招尤：招致怪罪、怨恨。

【解析】

西汉末年，有一句谶言在“谶纬界”悄然兴起，那就是“刘秀当为天子”。当时，大学者刘歆（文学家刘向之子）揣摩出了这句谶言，便将自己的名字改成“刘秀”，并在王莽篡汉后谋杀王莽，最终事败身死。刘歆怎么也想不到，恰恰就在他改名之时，有一个真正“应谶”的刘秀，出生在了南阳（今属湖北，非河南南阳）。

刘歆是一个满腹经纶，不通政治的书呆子，而遗臭万年的篡位者王莽，其实也是一个书呆子。王莽迷恋儒家学说，对传说中上古时代的“圣人”、“盛世”深信不疑、如痴如醉。

他篡位后，模仿古制，进行了一系列不合时宜的改革，结果把国家搞得民怨沸腾、干戈四起。然而，直到灭亡前夕，王莽仍坚定不移地上演着“圣人模仿秀”。当敌军迫在眉睫时，王莽居然还手持一把舜帝传下来的匕首（当然，基本上是别人拿来哄他的赝品），嘴里嘟囔着：“天生德于予，汉兵其如予何！”[这句话本是孔子名言，孔子的原话是“天生德于予，桓魋（tuí）其如予何”]，话音刚落（不好意思，夸张了一些，应该是次日吧），他就被砍下了脑袋（先被杀死，后被斩首）。

汉廷何在　洛邑另修

【注释】

汉廷：汉朝都阙；洛邑：即洛阳，东汉时改称雒（luò）阳。

【解析】

光武帝刘秀取得政权后，迁都洛阳。由于汉朝为“火德”，而洛阳之“洛”带有水旁，水能克火，因此便将“洛”字改成了“雒”。

往来阉宦　蹴踏清流

【注释】

阉宦：即受过阉割的宦官（后世俗称太监）；蹴（cù）踏：践踏；清流：指士大夫集团。

【解析】

东汉某些皇帝寿命较短，从而造成了嗣君年幼，太后当政的局面。太后不便与男性大臣交往，所以只得任用宦官。之后，宦官的权力日趋强大，他们不仅盘剥百姓、卖官鬻爵，甚至践踏名臣、滥杀无辜，汉灵帝时期爆发的“十常侍”之乱（作乱宦官，皆官居中常侍），间接导致了东汉帝国的灭亡。

历史是由成功者撰写的，历史也是由士大夫撰写的。因此，在历代史书中，与士大夫集团为敌的宦官集团，难免会遭到丑化。客观而言，东汉阉宦亦非一无是处，在一定程度上，宦官抵制了外戚专权，并且他们之中也有杰出人物，譬如蔡伦。

魏晋受禅 陶虞蒙羞

【注释】

魏：由东汉权臣曹操之子曹丕建立，魏朝始终未能统一中国，与之同时，有蜀汉、东吴两大割据政权，因此后世又将魏朝称为三国时代；晋：由魏朝权臣司马昭之子司马炎建立；受禅（shàn）：接受禅让，曹丕、司马炎分别逼迫汉魏两朝的末代皇帝让位，并美其名曰“禅让”；陶：指远古明君尧帝，尧姓伊祁，名放勋，又号陶唐氏，传说他将自己的帝位禅让给了舜；虞：指远古明君舜帝，舜姓姚，名重华，又号有虞氏，传说他将自己的帝位禅让给了禹；蒙羞：蒙受耻辱。

【解析】

据说曹丕在逼迫汉献帝让位时，不禁感叹道：“我现在才明白尧舜禅让是怎么回事呀！”不知他这句话是“以小人之心度君子之腹”呢，还是一语道破了天机。

蜀申炎祚　吴访夷洲

【注释】

蜀：三国时代的割据政权，由刘备建立，国号汉，史称蜀汉；申：表白、延伸；炎祚（zuò）：汉以火德王，故以“炎祚”代指汉统；吴：三国时代的割据政权，由孙权建立；访：访求、探访；夷洲：应为今日之台湾岛。

【解析】

刘备自称汉室宗亲，但他创建的蜀汉帝国，始终只是相对弱小的割据政权。并且他的宗亲身份也有些值得怀疑，因此，本文不称“蜀延炎祚”，而称“蜀申炎祚”。

吴黄龙二年（魏太和四年），吴将卫温、诸葛直在孙权的派遣下，率领一万甲士渡海远赴夷洲。据专家考证，夷洲很有可能就是今天的台湾岛。

瑜亮已逝　干戈且终

【注释】

瑜亮：即周瑜、诸葛亮，此处指代三国群英；逝：去世；干戈：干与戈为古代常用武器，故以“干戈”比喻战争；且：暂且、姑且；终：结束。

【解析】

周瑜、诸葛亮均为一时人杰，他们造就了三国鼎立的局面，但同时也延长了战乱。

西晋皇朝曾兼并三国、统一九州，为中华大地带来了短暂的和平。然而，晋武帝司马炎去世后，他的儿子晋惠帝司马衷由于智力存在障碍，根本就无法继承他的事业。更糟糕的是，晋惠帝还有着一个丑恶凶悍的皇后和一群野心勃勃的宗亲（诸侯王），这些人争权夺利、互相杀戮，终于酿成了一场历时十六年之久的内战——八王之乱。在此期间，首都洛阳屡遭兵燹（xiǎn），晋惠帝像个傀儡一般，任人搬来弄去，最终惨遭毒杀。

尘侵塞内　烟锁江东

【注释】

尘：指铁马胡尘；侵：侵入；塞内：边境之内；江东：长江下游地区，大致为今江浙沪一带。

【解析】

西晋末年，各地流民纷纷起义，匈奴、羯族等少数民族的雄杰之士也乘乱兴兵。晋怀帝司马炽（惠帝之弟）、晋愍（mǐn）帝司马邺（惠帝之侄）相继被匈奴人建立的前汉政权俘获、侮辱、杀害（怀帝曾被迫在匈奴皇帝饮宴时行酒，愍帝曾被迫在匈奴皇帝如厕时执盖）。之后，移镇江东的晋朝宗室司马睿于建邺（今江苏南京）登基，是为晋元帝。从此，中国历史进入了东晋十六国时代。

六朝斜月　五族飘风

【注释】

六朝：东汉灭亡后，江东地区相继有吴、东晋、宋、齐、梁、陈等六个汉人政权在建邺（东晋时为避晋愍帝名讳，改名建康）建都，史家称之为六朝；斜月：斜挂空中的残月，此处以之比喻江东政权及民风；五族：此处指五胡，即匈奴、鲜卑、羯、羌、氐等五个少数民族；飘风：旋风、暴风。

【解析】

江东民风至今仍然温柔如月，和蔼可亲。六朝时期，江东是汉人的避风港。任凭北方大地金戈铁马、血雨腥风，江东地区的“主旋律”似乎始终都是婉转悠扬的《采莲曲》。

尔登宝殿　朕坐囚笼

【注释】

尔：你，不含敬意的第二人称（古人注重礼仪，在人际交往中，较少使用“尔”字）；宝殿：此处指帝王宫殿；朕：我，从秦朝开始被定为皇帝专用的第一人称；囚笼：此处泛指牢笼。

【解析】

在那个混乱的时代，亡国之君并非只有司马邺、司马炽叔侄二人。刘曜（yào）、冉闵、苻坚……这些曾经叱咤风云的英雄天子，最终也难逃沦为俘虏、惨遭杀害的下场。与此同时，他们昔日的朝中臣子、手下败将，却踏着他们的鲜血，登上了帝王的宝座。

投鞭踊跃　挥麈雍容

【注释】

踊跃：振奋、鼓舞之状；麈（zhǔ）：指麈（鹿一类的动物）尾制成的拂尘；雍容：温文尔雅、从容不迫之状。

【解析】

六朝士大夫崇尚玄学，经常挥着拂尘夸夸其谈。在他们看来，勤于政务是庸俗的表现，所以宁可什么事都不做，整天嗑嗑药（当时没有摇头丸，只能嗑五石散），吹吹牛。与此同时，北方的那些割据政权却在互相攻伐，连年征战，给人民带来了深重的苦难。

经过长期的励精图治，氐族英雄、前秦君主苻坚终于大致统一了中国北方。晋太元八年，苻坚率领近百万大军南下讨伐苟延残喘的东晋帝国，由于对手看似不堪一击，苻坚的自信心难免有些过度膨胀，他声称“以吾之众旅，投鞭于江、足断其流”，可是当近百万秦军在淝水（今属安徽省）遭遇不足十万的晋军时，却被打得一败涂地。此后，前秦帝国一蹶不振，北方大地再次陷入了华夷混战的局面。

个人以为，前秦之所以会在淝水之战中惨败，完全是因为这个年轻而庞大的帝国内部存在着种种隐患（如战事过于频繁、民族未能融合、降将不够忠心等），与南方士大夫的“挥麈雍容”、“镇定自若”根本没有任何关系。

锋芒闪烁　血泪混融

【注释】

混融：混和融合。

【解析】

前秦帝国衰亡后，鲜卑族拓跋氏所建立的北魏政权迅速崛起，随后完成了北方的统一。北魏孝文帝拓跋宏在位时，实行汉化政策，并改姓为元。不过，所谓民族融合并非只是单纯的胡人汉化，汉人"胡化"的现象也不容忽视。北魏帝国衰落后，分裂成西魏、东魏两个政权，西魏政权后被鲜卑族宇文氏所建立的北周政权所取代，东魏政权后被汉族高氏所建立的北齐政权所取代，其中北齐皇室高氏，就是"比鲜卑人更鲜卑化"的汉人。

帝制时代的民族融合，是在刀锋与血泪之中实现的。时至今日，氐、羌、鲜卑等民族的后裔已大量融入汉族，其余也成为了中华民族密不可分的一部分。

隋代至伟　齐州复同

【注释】

隋代：即隋朝，由隋文帝杨坚建立的大一统皇朝；至伟：极其伟大；齐州：代指中国，意思大致同于神州；复同：再次统一。

【解析】

隋代是中国历史上最伟大的朝代之一，统一中国、修通运河、西巡张掖、开办科举、兴复衣冠……其功绩不可枚举。然而，后世史官却对隋代统治者（尤其是隋炀帝杨广）进行了一些艺术化的贬低。据《资治通鉴》记载：杨广在其母死后，对着其父和官人“哀恸绝气”，但是背着人时（“其处私室”），他却“饮食言笑如平常”。这段文字粗粗看来，令人颇为痛恨杨广的两面三刀，然而细细一想，一个人在“私室”中的表现又怎么可能让外人知道，并且还载入史册呢？尽信书不如无书，由此益见。

寒窗苦读　进士荣封

【注释】

进士：隋唐科举考试设进士科，录取后为进士，明清时称殿试考取之人。

【解析】

在帝制时代，科举考试是一种相对公平的人才选拔方式。“朝为田舍郎，暮登天子堂”，这给予了无数平民子弟出人头地的希望。同时，科举制抑制了可能威胁皇权的贵族世袭力量，对稳定帝国统治有着不容低估的作用。

杨凋李继　周退唐隆

【注释】

杨：杨花，亦为隋朝国姓；李：李花，亦为唐朝国姓；周：指武周，由唐高宗皇后——女帝武则天建立，武则天退位后，其子唐中宗李显恢复了大唐国号。

【解析】

据说，隋代民间曾流行几句歌谣："杨花落，李花开"、"十八子，得天下"（"十八子"即为"李"字）……这些民谣似乎是在说，杨家江山快倒了，李氏家族将夺得皇位。于是，某些姓李的野心家开始兴奋不已，其中最为活跃的当属蒲山公李密。他出身高贵，才兼文武，最重要的是，他姓李，即将"得天下"的"李"！因此他毅然加入了起义队伍，并百折不挠地追求着他的皇帝梦，直至赔上了性命。

取代杨氏的人的确姓李，不是李密，是李渊。李渊开创了大唐帝国，其子唐太宗李世民更是难得一见的好皇帝。唐朝初期，全国呈现着一片欣欣向荣的景象，即使武则天改朝换代，也未曾破坏繁荣昌盛的局面。武则天去世数年之后，其孙唐玄

宗李隆基登上皇位，中国帝制史上最为强盛的时代——开元盛世就此拉开了序幕。

长明乃晦　极盛而穷

【注释】

明：明达、睿智；晦：昏暗、昏昧；盛：繁盛、强盛；穷：衰败、凋敝。

【解析】

唐玄宗初期英明果断，任用贤臣姚崇、宋璟为相，开创了开元盛世。可是到了晚年，他却沉迷酒色，日渐昏聩，以致爆发了几乎摧毁整个帝国基业的安史之乱。虽然，唐朝统治者竭尽全力，最终平息了叛乱，但往昔的繁华却已一去不返。

怯谈藩镇　愁看深宫

【注释】

怯：害怕；藩镇：原本为掌管地区军政的机构，后权力日益扩大，其统帅一手掌握民政、财政、军政大权，甚至世袭相传，成为了事实上的诸侯政权；深宫：此处指后妃及宦官势力。

【解析】

经过战火的洗劫，大唐帝国的藩镇摆脱了中央政府的控制，成为了各霸一方的割据势力。这些藩镇或彼此攻伐，或互相勾结，共抗朝廷。与此同时，大唐天子的后院——深宫也不断起火，后妃谋害皇子，宦官挟持皇帝……外患频频、内忧重重，即使出现个别有志中兴的天子，最终也是回天无力。大唐天祐四年，在大流氓朱全忠（纵观此人一生行迹，也只配得上"大流氓"这三字考语）的威逼之下，帝国的大厦终于轰然倒塌。

篡臣交替　僭主相攻

【注释】

篡臣：篡夺君权之臣；僭（jiàn）主：指非法自立的君主。

【解析】

大唐帝国灭亡后，中华大地陷入了前所未有的混乱时期——五代十国。当时，大臣们把篡位当成了家常便饭，而所谓的皇帝们则各据一方，互相攻伐。这段时期最为典型的政治人物当属“不倒翁”冯道，此人在三十多年间，历事中原四大皇朝，中间还抽空到契丹皇帝的手下做了一回亡国奴，每一朝他都能当上宰相、太师、太傅这类极品大官。后人取笑冯道不忠、无耻，可是在那个“乱臣贼子”与“真命天子”可以随时随地互相转换的年代，冯道们又能忠于谁呢？

稚童徒泣　点检难防

【注释】

稚童：指周恭帝郭宗训（其父本姓柴，为郭氏养子），五代时期后周的末代皇帝，即位时年仅七岁；徒：徒然；点检：官名，即殿前都点检（禁军最高首领）。

【解析】

周世宗郭荣是五代时期最为英明神武的皇帝，然而，他却有一块心病：他只是周太祖郭威的养子，由他来继承大周帝国这份基业，似乎有些不太名正言顺。

据说，有一次郭荣在批阅奏章时，莫名其妙地翻到了一根木条，上面写着“点检作天子”几个字。郭荣顿时紧张起来，因为时任殿前都点检的人正是周太祖郭威的女婿——驸马张永德。此时，郭荣已身染沉疴，为了防患于未然，他罢免了张永德，并任命自己的心腹爱将赵匡胤取代其职。郭荣去世不久，新任殿前都点检赵匡胤就利用手中兵权，从郭荣之子郭宗训手中夺取了后周江山。

惯冲营阵　巧取庙堂

【注释】

营阵：指军队的结营布阵，此处指战场；巧取：以计谋夺取；庙堂：朝廷。

【解析】

宋太祖赵匡胤是中国历史上武艺最高强的皇帝之一（冉闵、刘裕或许不在其下）。他能征惯战，善于冲锋陷阵，因此受到了周世宗郭荣的信赖与提携，并被任命为殿前都点检。

可是赵匡胤“素有大志”（其母语），并不甘心屈居人下，周世宗郭荣去世后，赵匡胤即“黄袍加身”，以巧取的方式夺得皇位，开创了大宋帝国。

力除前弊　反致后殃

【注释】

力：极力、竭力；前弊：指中晚唐五代时期，藩镇割据，武将跋扈的弊病；反：反而；后殃：之后的灾祸。

【解析】

有一位哲人说过，立法之人往往就是犯法之人，这句话仿佛就是为宋太祖赵匡胤“量身定制”的。赵匡胤利用军权夺取皇位之后，担心昔日的战友如法炮制，发动兵变，夺取他的大宋江山。于是，他采取了一系列变革措施，削弱军队的势力与武将的兵权。

赵匡胤在压制军队及武将时不遗余力，而他的继任者宋太宗赵光义更是矫枉过正，坚决贯彻重文轻武的政策。然而，疆土毕竟还是需要将士们去开拓的，边关毕竟还是需要将士们去镇守的，结果，这种政策直接导致了大宋帝国的积弱乃至覆亡。

但吞闽岭　未定朔方

【注释】

闽岭：福建北部山岭，此处借指中国南方领土；朔方：北方。

【解析】

宋太祖赵匡胤登基后，在军事上执行“先南后北”的策略，先后扫灭了后蜀、南唐等南方割据政权，可惜，他只完成了一半事业便不幸暴毙。之后，大宋帝国的继任者一直没有能力统一北方。因此，有宋一代，北方始终兴替着辽、金、西夏等少数民族割据政权。

虽繁市肆　屡怅边疆

【注释】

繁：兴盛；市肆：市场，此处指代商业经济；怅：恨，失意。

【解析】

大宋帝国的经济、科技、文化均已达到冷兵器时代的巅峰。然而，正是由于当时尚处于冷兵器时代，先进的文明无法充分转化成先进的军力，再加上开国之初就定下的重文轻武政策，因此宋朝在领土战争中始终处于弱势。

凄惶离汴　逸乐居杭

【注释】

凄惶：悲伤惶恐，匆遽（jù）不安；汴：北宋都城（东京汴梁），即今河南省开封市；逸乐：安逸快乐；杭：南宋都城（临安），即今浙江省杭州市。

【解析】

北宋第八任皇帝宋徽宗是一个轻佻浮夸、好大喜功的人。当时北方的大辽帝国（契丹族）政昏国乱，而新崛起的大金帝国（女真族）则派遣使者，邀请大宋帝国联合灭辽。宋徽宗自以为碰上了百年难得一遇的良机，不禁欣喜若狂，"毅然"毁掉与辽国的长期盟约，命宦官童贯率军北伐大辽。宋金灭辽后，金国发现宋国政府似乎比辽国政府更腐败无能，恰好此时宋朝统治者又不顾道义，接纳金国叛臣，于是金国便乘衅兴兵南侵。宋徽宗一看大事不妙，急忙把皇位传给儿子宋钦宗赵桓，准备逃命，可最终他还是陪着儿子钦宗，一起做了金人的俘虏，北宋就此灭亡。

徽钦二帝被俘后，徽宗第九子赵构于战乱中称帝，并放弃东京汴梁，逃往南方，定都杭州。以赵构为首的南宋皇帝，多半不思进取，贪图享乐。“烟艇小，钓丝轻，赢得闲中万古名”，如此潇洒的词句，如此悠远的意境，如此闲适的情怀，出现在赵构笔下，却不免令读者感到有些恶心。

欺心奸佞　涅背忠良

【注释】

欺心：昧心；奸佞：奸猾谄媚之人，此处指以秦桧为首的南宋奸臣；涅背：在背上刺字，大英雄岳飞的背上刺有“精忠报国”四字；忠良：此处指以岳飞为首的南宋忠臣。

【解析】

南宋初期，大宋帝国并未尽失克复中原的希望。以岳飞、韩世忠为首的一批忠臣良将，有志收复故土，迎还徽钦二帝。然而，皇帝赵构却安于现状，甘愿卑躬屈膝，向金国称臣求和。善于揣摩“圣意”的奸相秦桧，为阻止北伐，达成和议，以“莫须有”的罪名，害死了岳飞。岳飞死后，韩世忠也被解除兵权，从此骑驴闲游于西湖之畔，放下了昔日的理想与抱负。

仍遭德祐　敢忆靖康

【注释】

仍：依然，照旧；德祐：宋恭帝年号，德祐二年，大元帝国（蒙古族）兵临宋都临安，宋恭帝出降；敢：大约，岂敢；靖康：宋钦宗年号，靖康二年，徽、钦二帝被金军俘获。

【解析】

生活中我们时常会看到一种奇怪的现象：某位老人百病缠身，但却长命百岁，而另一位老人平时健步如飞，可才过花甲就与世长辞了。大宋帝国仿佛就是前一位老人，而与之同时代的那些少数民族政权，则更像是后一位老人。

大宋帝国的军事实力虽然较为弱小，但却很有“韧性”。在三百多年的历史中，大辽、大金、西夏相继覆灭，只有大宋帝国始终屹立不倒，并且还与当时世界上最骁勇、最强大的军队——蒙古铁骑足足周旋了四十多年。尽管“德祐”、“靖康”分别为南宋、北宋烙上了耻辱的印记，但千百年后，当我们重新提起大宋帝国时，仍然应该保持一份应有的敬意。

狼奔沃野　龙没汪洋

【注释】

狼：草原民族图腾；龙：中原民族图腾。

【解析】

宋恭帝出降后，陆秀夫、张世杰等忠臣良将在南方先后拥立了两名幼主：宋端宗（登基不久即病逝）、宋末帝。可惜，大宋运祚已终，祥兴（宋末帝年号）二年，宋军与元军在厓山（今广东省江门市新会县南）发生海战，宋军战败，陆秀夫背负年仅八岁的小皇帝蹈海身亡，随行十余万军民亦纷纷赴水殉国。张世杰率领宋军残部顺海南下，途中遭遇飓风，备感绝望，遂甘心堕水而死。大宋帝国就此彻底灭亡。

怒声幽咽　浩气苍凉

【注释】

怒声：悲愤之声；幽咽：低哑、哽咽；浩气：浩然正气；苍凉：荒凉、悲凉。

【解析】

如果说厓山之战奏响了一曲悲歌，那么歌声并没有随着南宋皇朝的灭亡而断绝。“天地有正气，杂然赋流形。下则为河岳，上则为日星。于人曰浩然，沛乎塞苍冥……”这是大宋丞相文天祥在大元帝国的监狱中所作的《正气歌》。不久之后，文天祥在北京菜市口就义，人们从他的衣带中找到了一首四言诗：“孔曰成仁，孟曰取义。唯其义尽，所以仁至。读圣贤书，所学何事？而今而后，庶几无愧”，这首诗可以看做是厓山悲歌的尾声。

匹夫举义　衲子安邦

【注释】

匹夫：平民百姓；举义：起义；衲子：僧人，此处指明太祖朱元璋，朱早年曾出家为僧；安邦：平定国家。

【解析】

大元帝国的统治者尽管在沙场上勇猛无敌，但对于治国之道却不太擅长：滥印纸币、苛捐杂税、民族歧视……终于，老百姓们再也忍受不了无休无尽的沉重压迫了，反抗暴政的义旗此起彼伏，直至席卷全国。出身贫苦的朱元璋在义军中脱颖而出，最终扫平大江南北，将大元皇帝逐出中原，开创了安定繁荣的大明帝国。

勋贵并翦　恩威远航

【注释】

勋贵：功臣权贵；翦（jiǎn）：杀戮、削减；恩：恩义；威：国威。

【解析】

明太祖朱元璋曾屡兴大狱，滥杀功臣、权贵，朱元璋去世后，皇太孙朱允炆继位（太子比朱元璋先死），朱元璋第四子朱棣起兵谋反，夺得帝位，并对朱允炆属下忠臣进行了残酷的杀戮与凌辱。

永乐（明成祖朱棣年号）三年至宣德（明宣宗年号）八年，宦官郑和奉大明皇帝之命，先后七次率领强大的舰队远航。在此期间，郑和等人途经西太平洋、印度洋，总共访问了三十多个国家和地区。郑和下西洋促进了大明帝国与海外各国之间的联系，弘扬了中华国威，是中国古代史上最后一项世界性的盛举。

花鼓久唱　胡弦又弹

【注释】

花鼓：指凤阳花鼓，此处隐喻大明帝国的统治（明太祖朱元璋为凤阳人氏）；胡弦：指源于少数民族的丝弦乐器，此处隐喻元、清（满族）等少数民族政权的统治。

【解析】

明朝是中国历史上唯一一个夹于两大少数民族政权之间的朝代。与宋亡元兴不同，明亡清兴存在着太多的偶然因素。大清帝国的开辟者最初根本就不具备统一中国的实力与雄心，然而，在范文程、吴三桂等汉人的竭力促成之下，汉族政权终于覆灭，关外的君主成为了中原的皇帝。

八旗猛烈　十室隳残

【注释】

八旗：此处指清军；十室：此处指家家户户；隳（huī）残：衰败残破。

【解析】

清军入关后，曾大肆杀戮各地抗清人士及无辜平民。

细删坟典　强改衣冠

【注释】

细：仔细；坟典：三坟五典，此处泛指古代典籍；强：迫使；衣冠：服饰。

【解析】

清代是中国文字狱最为惨烈的时代，仅乾隆一朝，所兴起的文字狱便达一百三十余起，其负面影响远远超越了秦始皇的“焚书坑儒”。同时，清代统治者还下诏编撰《四库全书》，对大量古籍进行了禁毁、削删、篡改。

为削弱汉人的民族特征，清军入关后，通过暴力杀戮的方式，迫使汉人“剃发易服”。从此，传承了几千年的汉族服饰，便从普通汉人的日常生活中基本消失了。

扰绥奴婢　震慑戎蛮

【注释】

扰绥（rǎosuí）：驯化、安抚；奴婢：清廷统治者视官吏、人民一律为奴婢；震慑：震惊、威慑；戎蛮：旧指西部、南部少数民族及邻国，亦可泛指四夷。

【解析】

“扰绥”、“奴婢”、“震慑”、“戎蛮”，这一串词汇充分展示了清廷统治者不可一世的气焰。“康乾盛世”是中国历史上最令人悲哀的“盛世”。不求有功、但求无过的庸官；欺上瞒下、贪得无厌的污吏；争名逐利、缺乏信仰的书生；但求温饱，麻木不仁的平民……数十年后，当清廷统治者还在为“天朝盛世”沾沾自喜之时，西方列强已将炮口对准了中国。中华民族几千年来最黑暗、最衰落的时代，就此拉开了序幕。

欧师美旅　锐炮坚船

【注释】

欧师：欧洲军队；美旅：美洲军队；锐炮：精良的火炮；坚船：坚固的船舰。

【解析】

西元1840年，英国军队率先以锐炮坚船打开了大清帝国的国门，此后，欧洲、美洲，乃至亚洲日本的侵略者纷至沓来。腐败无能的清政府屡战屡败，最终只得摇尾乞怜，签下了一系列丧权辱国的不平等条约。

惕兢揖盗 慷慨和蕃

【注释】

惕兢：战战兢兢；揖（yī）盗：向强盗作揖行礼；慷慨：大方，不吝啬，此处有讽刺之意；和：求和、取悦；蕃：泛指域外或外族，此处指帝国主义列强。

【解析】

“宁赠友邦，不予家奴”、“量中华之物力，结与国之欢心”、“不可衅自我开”……这一系列令人作呕的“名言”，恰恰就是晚清政府的外交守则。

昼消积雪　夜涌狂澜

【注释】

消：消融；积雪：此处隐喻专制制度；涌：涌起；狂澜：此处隐喻革命风浪。

【解析】

中国两千年的君主集权制度，在清代达到了极端。然而，西方列强的炮火却轰散了帝制的“积雪”，中华民族开始觉醒，一场革命的“狂澜”即将席卷神州大地……

金銮骤废　火凤频燃

【注释】

金銮（luán）：帝王车驾上的装饰物，此处隐喻帝制；骤：突然、屡次；火凤：传说凤凰浴火而涅槃，此处以火凤隐喻中国。

【解析】

西元1911年，辛亥革命爆发，清帝溥仪被迫退位，孙中山等革命党人废除帝制，开创了中华民国。然而，中国这一浴火凤凰，并没有立即获得重生，军阀混战、外寇入侵……接连不断的战火，仍然在神州大地上燃烧着。

秣陵惨怖　缅甸辛酸

【注释】

秣（mò）陵：南京别名；惨怖：凄惨恐怖；缅甸：国名，与中国西南接壤；辛酸：艰辛酸楚。

【解析】

西元1937年7月7日，日本发动大规模侵华战争，同年12月13日，南京沦陷。日军在南京及附近地区进行大屠杀，死亡人数超过三十万人。

西元1941年底，太平洋战争爆发，日军入侵缅甸，企图切断滇缅公路。次年，国民政府派遣十万精兵组成远征军奔赴缅甸，与英国军队联合抗日。这是一场极其艰苦的战役，由于英军溃败逃离，尽管中国远征军英勇作战，但亦只得撤退。十万远征军屡经血战，最终只有四万余人安全撤离。

粟枪驱寇　镰斧劈山

【注释】

粟：指小米；镰斧：中国共产党的党徽，镰象征农民，斧（后改为锤）象征工人。

【解析】

中国共产党依靠小米加步枪，打败了侵略者，并劈开重重大山，解放劳动人民，创建了中华人民共和国。

凿穿愚昧　扫净冥顽

【注释】

冥顽：愚钝无知。

【解析】

作为新中国的缔造者，中国共产党大力开展全民教育，从而提升了群众的文化力，树立了社会的道德力，解放了民族的精神力。

红霞普照　碧宇偕攀

【注释】

红霞：指朝霞；普照：普遍地照耀；碧宇：青天；偕：共同。

【解析】

东方红的光芒，照亮了中华人民共和国的每一寸土地，引领全国人民携手共进，攀上一座又一座的高峰，直至冲破云霄，遨游太空。

先哲所知　今我之资

【注释】

先哲：往昔的智者、学者；资：资本、财富。

【解析】

先哲通过学习、实践、思考、著述，为我们留下了宝贵的精神财富。

卷丰旨博　意畅魂驰

【注释】

卷：指书卷；旨：意义；博：博大、广博；畅：畅快、舒畅。

【解析】

中华古典文献浩如烟海、博大精深，不时令读者心驰神往，飞入多姿多彩的精神世界。

白马诡辩　青牛玄思

【注释】

白马：此处指“白马非马”之典故；诡辩：看似有理，实则颠倒是非之论；青牛：老子的坐骑，此处借指老子；玄思：玄妙深奥之思。

【解析】

公孙龙是战国时代“名家”学派的代表人，一贯善于诡辩。据说，有一次他骑着白马过关，关吏拦住他道：“这里只许过人，禁止过马，所以你的白马不可以过去。”于是，公孙龙便展开如簧之舌，说道：“‘白’是一种颜色的概念，‘马’是一种形状的概念，颜色不是形状，形状不是颜色，说形状就不能说颜色，说颜色就不能说形状，你怎么能把颜色和形状混为一谈呢？总而言之，言而总之，白就是白，马就是马，‘白马’根本就不是‘马’……”关吏被这一番莫名其妙的议论搞得七荤八素，摸不着头脑，最后只好任由公孙龙骑着那匹“不是马的白马”，得意洋洋地过了关。

老子外号“太上老君”，是春秋时代道家学派的代表人，此人仿佛是外星球上掉下来的一个千古之谜，其生卒年月永远无人知晓。作为一个人（而不是传说中的神仙），老子对人类最大的贡献，就是留下了一篇阐述天地大道的五千字文——《道德经》。“道可道，非常道。名可名，非常名……玄之又玄，众妙之门”，这正是《道德经》的第一章，至于其中内涵，那就有劳读者自己去慢慢思索了。

商韩利害　孔孟孝慈

【注释】

商韩：指商鞅、韩非，两人俱为先秦时期法家学派代表人；利害：此处指兴利除害的法家思想；孔孟：指孔丘、孟轲，两人俱为先秦时期儒家学派代表人；孝慈：孝顺（长辈），慈爱（晚辈）。

【解析】

法家最显著的特征就是重视功利，推崇霸道。在特定历史时期，法家的确可以促使一个国家迅速富强。可惜，法家之弊病在于只论“硬实力”，忽视“软实力”，因此，奉行“法术”的政权往往易于一时成功，但却难于长治久安。

儒家是中国古代影响力最大的学派，其核心思想为“仁义”。儒家之“仁义”，是以“子孝父慈”为基础的。所谓“老吾老以及人之老，幼吾幼以及人之幼”，这种推己及人、由亲及疏的“爱”，虽然不够博大，不够无私，但却更符合凡人天性。

兵家有策　墨者无私

【注释】

兵家：先秦学派之一，主要从事兵法研究及实践作战；策：策略，计谋；墨者：墨家学派信奉者。

【解析】

《武经七书》是宋代官方颁行的兵法丛书，其中居然有“六书”（《孙子兵法》、《吴子兵法》、《司马法》、《太公六韬》、《黄石公三略》、《尉缭子》）都诞生于先秦时期。由此可见，我国古代军事理论在先秦已近成熟，而之后千百年间，却似乎没有太大进步。

墨家创始人墨翟，是一位关心劳动人民的知识分子，他身体力行地反对霸权战争，并缔造了声势浩大，足以与儒家学派相抗衡的墨家学派。墨家提倡“兼爱”，即不分彼此、不问亲疏的爱。墨者多为贫苦农民及小手工业者，他们团结互爱，形成了一个准军事化管理的民间团体。墨家学派的思想及行为，无疑会招致专制政权的反感、打压。因此，在两千多年的中华帝制史（秦初至清末）之中，我们几乎找不到墨者的身影。

观星邹衍　问稼樊迟

【注释】

观星：观察星象；邹衍：先秦时期阴阳五行学派代表人；稼：种植，亦泛指农业劳动；樊迟：孔子学生，曾向孔子请教农事。

【解析】

战国时代有个人特别能侃，他要么不开口，一开口就是太阳啊！星星啊！月亮啊！苍天啊……颇有一股对天上之事了如指掌的风范。于是，大家将他这种说话方式，称为“谈天”。此人就是阴阳五行学派代表人邹衍。

阴阳五行学派认为，自然界由土、木、金、火、水这五种相生相克的物质组成，而邹衍则提出，历代王朝的兴衰，也是根据五行之德规律而进行的。譬如夏朝以木德而王，那么接下来的商朝则以金德而王，因为金属是可以砍断木头的。再譬如商朝以金德而王，那么接下来的周朝则以火德而王，因为烈火是可以融化金属的……这种看似无稽的学说，却令后世帝王深信不疑，奉为圭臬。

先秦时期还有一个注重农业生产的学派——农家。估计种地在古代也是一项含辛茹苦，默默无闻的工作，所以农家几乎没有什么著名人物。据《论语》记载，孔子的学生樊迟，倒是对农业颇有兴趣，可孔子是大教育家，只喜欢培养经天纬地、治国安邦的圣人、贤人、贵人、大人，因此爱好种地的樊迟，只能被孔子骂为“小人”喽！

斩蛟驭鹤　跨象乘狮

【注释】

斩蛟：传说晋代道士许逊曾斩杀蛟龙，为民除害；驭鹤：传说周灵王之子王子乔在嵩山驭鹤成仙；跨象：佛教普贤菩萨坐骑为白象；乘狮：佛教文殊菩萨坐骑为青狮。

【解析】

道教文化与佛教文化，俱为中华文化的重要组成部分。

法休妄悟　戒可恒持

【注释】

法：道法、佛法，亦可指宇宙真理；休：不可、不要；妄悟：胡乱地、自以为是地“领悟”；戒：道教、佛教戒律，亦可指人生规范；恒持：长期、永恒地遵守。

【解析】

道法玄妙，佛法精深，非凡人可以理解，但是只要恪守戒律，那么至少也可以成为一名合格的道教徒、佛教徒。佛曰：以戒为师。为人处世亦应如此。

真佛劝善　伪僧媚时

【注释】

劝善：劝勉、鼓励善心、善行；媚时：逢迎时风，取媚世俗。

【解析】

某些僧侣身穿云锦袈裟，口念阿弥陀佛，可实际上却是三毒（贪、嗔、痴）俱全，五戒（不杀生、不偷盗、不邪淫、不妄语、不饮酒）常犯。为了谋取利益，他们可以竭力逢迎时风、尽心取媚世俗。这种人只不过是经营特殊商品的贩子而已，绝对当不得“和尚”二字。

常存正念　莫祷淫祠

【注释】

常：长久、经久不变；正念：此处指正确的信念；祷：祭祀、祈祷；淫祠：非法祠庙，此处指不正当的信仰对象。

【解析】

某些迷信者以为只要烧上几炷香，布施几个钱，就能获得神佛保佑，从而添福添寿，这种想法不仅愚昧，而且有毁神、谤佛之嫌！试想，神佛又不是贪官，怎么可能接受凡人好处，然后为之打开方便之门呢？道教、佛教的本旨，都是劝人向善。那些披着宗教外衣，装神弄鬼、牟利敛财的个人及组织，均应被打入淫祠、邪教的行列！

随缘似懒　格物若痴

【注释】

随缘：依顺缘分，不强求改变命运；懒：怠惰；格物：穷究事物之理；痴：痴迷。

【解析】

某些佛教徒喜欢拿“随缘”作为消极的借口，殊不知，“种瓜得瓜，种豆得豆”才是佛法的真谛。只有辛勤播种“善因”，方能遭逢“善缘”，收获“善果”。

格物致知是儒家学派的重要课题。明代大儒王阳明曾经对着一片竹林苦思数日，以求参悟竹子之中所蕴涵的深义。然而，直到面色苍白，病倒在地，他也未能想出一个所以然来。“阳明格竹”的典故告诉我们，事物之真理并非静坐冥思就可以探其究竟的。

勉探精粹　渐却瑕疵

【注释】

勉：勉力；精粹：此处指传统文化之精华；渐：逐步；却：去除；瑕疵：此处指传统文化之糟粕。

【解析】

对于传统文化，我们既不能盲目接受，更不能全盘否定。“勉探精粹，渐却瑕疵”才是正确的传承方式。“渐”字表示了一种审慎的态度。面对不够了解、未能掌握的文化遗产，万万不可不假思索，就迫不及待、轻率粗暴地将之打入糟粕行列。

嬴政焚书　刘彻尊儒

【注释】

嬴政：秦始皇的姓名；焚书：秦始皇在位期间，曾下令焚烧民间私藏典籍，并禁止私人讲学；刘彻：汉武帝的姓名；尊儒：汉武帝在位期间，曾实行“罢黜百家，独尊儒术”的政策，确立了儒家学派的正统地位。

【解析】

“嬴政焚书”与“刘彻尊儒”行为固然有异，但目的却基本一致：即钳制民众思想，巩固专制统治。

独裁专制　异轨殊途

【注释】

独裁：总揽大权；专制：独断专行；异轨：不同的方式；殊途：不同的途径。

【解析】

虽然，“嬴政焚书”与“刘彻尊儒”的目的基本一致，但是由于两人采取的手段有异，因此所获得的结果也截然不同。秦始皇“焚书”之举，为他招来了百世骂名，而汉武帝“独尊儒术”的政策，却被后世沿袭了下来，其影响直至帝制覆灭，亦未完全消除。

仆非轻贱　君自寡孤

【注释】

仆：奴仆，亦为古人对自己之谦称；轻贱：下贱、卑微；君：君主，亦为古人对他人之敬称；寡孤：孤单、孤独，“寡人”、“孤家”亦为古代君主之自称。

【解析】

平民百姓、底层文人，即使身份再低下，只要能具备“独立之精神，自由之思想”，那就绝对不是下贱、卑微之徒，而专制帝国的君主，则是真正意义上的“孤家寡人”。

澹然朱紫　妙矣莼鲈

【注释】

澹然：恬淡貌；朱紫：朱衣、紫绶，此处指高级官职；莼鲈：莼菜、鲈鱼，晋人张翰曾因思念家乡莼菜、鲈鱼之美味而辞官归乡。

【解析】

放下功名利禄，才能畅享生活的真正乐趣。

奉亲首责　报国宏图

【注释】

奉亲：奉养父母；首责：首要的责任；报国：报效国家；宏图：宏伟的计划，远大的谋略。

【解析】

普通人即使没有能力为国家作出太多贡献，但最低限度也要完成自己的“首责”：竭力奉养父母。

睦友以信　悦妻如初

【注释】

睦：亲近、和好；以：凭借、依仗；悦：喜爱、取悦；初：当初。

【解析】

对待朋友，应该诚信守诺，不可言而无信；对待妻子，应该一如既往，不可喜新厌旧。

爱当掷果　贞只还珠

【注释】

掷果：晋人潘岳相貌俊美、文采出众，其驾车出游时，常有妇女向车中投掷水果以示爱慕；还珠：唐人张籍曾作《节妇吟》，有句曰："还君明珠双泪垂，恨不相逢未嫁时"。

【解析】

"掷果"是甘心赠与，"还珠"是拒绝领受。贞是爱的基础，爱是贞的前提。

女宜立业　男亦入厨

【注释】

宜：应该、适宜；立业：建立、成就事业；亦：也（可以），也（应该）；入厨：下厨烹饪，此处泛指做家务。

【解析】

“男主外，女主内”，显然已不合时宜。

礼须微薄　仪忌粗疏

【注释】

礼：此处指礼金、礼物；须：应当；仪：仪态、礼节；粗疏：粗率、疏忽。

【解析】

俗语有云：“礼多人不怪”，所谓“礼”，应该是礼仪，而不是金钱、物质。当代社会红白喜事的礼金，往往高达数百乃至数千、数万，完全不符合普通人的收入水平。这种浮夸之风，只会增加个人负担，却未必能够促进人际关系。

禁奢从俭　守洁去污

【注释】

禁：禁止、杜绝；从：采取、按照；洁：高洁、廉洁；去：去除、远离；污：污秽、腐败。

【解析】

能节俭者，才能彻底远离污秽，保持廉洁。

理争尺寸　财舍锱铢

【注释】

舍：放弃、舍弃；锱铢：古代计重单位（四分之一两为一锱，六分之一锱为一铢），此处指少量钱财。

【解析】

对于真理，应该尺寸必争，对于钱财，则不应锱铢必较。

临危谨慎　闻诟糊涂

【注释】

临危：面对重大危险；闻诟：听闻辱骂。

【解析】

遇见危难时，只有保持头脑冷静，谨慎行事，才能逐步脱离险境。“诟”既可以指他人对自己的辱骂，亦可以指他人对他人的辱骂。无论如何，既然是“辱骂”，那么听过之后，就应该权当未曾入耳，以免为无聊之人、无聊之话费时费心。

华夏巍峨　文章耸峙

【注释】

华夏：中华古称；巍峨：高大雄伟；耸峙：挺拔、矗立。

【解析】

华夏民族犹如高山一般雄伟，华夏文学犹如峻岭一般挺拔。

窥测豹斑　步趋麟趾

【注释】

窥测：窥探揣测；豹斑：古语有云“管中窥豹，时见一斑”，此处指华夏文学之部分风采；步趋：追随、效法；麟趾：此处指文坛前贤。

【解析】

几千年来，华夏先民留下了数以万计的经典文章，我们不可能将之读尽、读全，所以只能“管中窥豹”式地领略其中部分风采。然而，只要我们努力追随、效法前贤，自然能有所领悟，从而不断提高自身的文化水平。

断竹鸣歌　结绳纪事

【注释】

断竹：古人制作弹弓时的一个步骤；结绳：文字产生之前，人类用以记载、传递信息的方式。

【解析】

“砍下竹子，续上竹子，弹出土丸，追打兔子”，据说，远古时代有个原始人在打猎时，忽然诗兴大发，于是喊出了这么一首千古绝唱（原诗为“断竹、续竹、飞土、逐肉”，或曰此诗为孝子所作，不足为信。另，以土丸之威力，所能追打之“肉”，恐怕不会是什么虎豹熊罴，估计也就是兔子之类吧）。

诗歌也许是世界上唯一一种比文字出现得更早的文学体裁，当原始人还在结绳纪事之时，诗歌便开始在人们的口中传唱了。人类的语言水平、文学水平是在逐步发展的，当代某些学者认为《诗经》、《离骚》这类四言、杂言古体诗才是汉诗的源头正宗，否认唐诗、宋词的完善形式，这种人似乎更应该穿越到远古时代，去领略“断竹、续竹”的“美妙”与“高古”。

甲骨撰辞　鼎碑刻字

【注释】

甲骨：龟甲、兽骨，商周时期的文字载体；撰辞：撰写言辞（主要指卜辞）；鼎：上古器皿，为青铜文化代表。

【解析】

龟甲、兽骨、铜鼎、石碑，难道这些冷冰冰、硬邦邦的东西，就是上古人民记录文字的主要载体？或许，古人还曾经将文字书写在泥土上、沙子上、树皮上……只不过，我们这些后人恐怕是永远都看不见了！

嗟咏饥劳　颂吟祭祀

【注释】

嗟咏：嗟叹、吟咏；饥劳：饥饿、劳作；颂吟：歌颂、吟唱。

【解析】

中国诗源于劳作及祭祀，这应是无可争议的事实。然而，《公羊传解诂》有云："饥者歌其食，劳者歌其事"，由此可见，诗歌创作居然与饥饿也有着莫大关系。难怪自古以来的诗人，时常都得挨穷、挨饿呢！

藉此抒怀 因其阐志

【注释】

藉：凭借；抒怀：抒发心中的情感、想法；因：沿袭、依靠；阐志：阐述志向。

【解析】

“嗟咏饥劳，颂吟祭祀”只不过是诗歌创作的最初状态，如果中国诗永远都只是“我想吃饱饭，我想吃鸡腿；打猎射弹弓，种田流汗水；伟大的祖宗，英明的神鬼……”恐怕也没多大意思。当诗歌发展到一定阶段，诗人们纷纷发现，竟然有很多美女、帅哥对他们的作品抱有浓厚兴趣，出于异性相吸这一自然原理，春心萌动的诗人们，开始忘记饥饿、放下劳动、抛开祭祀，并将抒发情怀、取悦异性当成了创作的主要诉求。然而，在阶级社会中，事业是爱情的基本保障，诗人们仅靠嘴皮子、笔杆子（不好意思，当时似乎还不太流行笔杆子，常用书写工具应为小刀子），估计很难得到如花美眷。既然如此，于是乎，阐述志向、发泄牢骚（理想破灭后），便成为了中国诗最重要的主题。

荷锄展喉 抛笏戟指

【注释】

荷（hè）锄：扛着锄头；展喉：放开喉咙（歌唱、吟咏）；抛笏（hù）：抛却上朝的笏板，指辞官；戟指：伸出食指及中指指向他人，其形如戟，表示愤怒或勇武之状。

【解析】

诗人并不是一份美差，当今诗人的稿费通常都少得可怜，而上古时代的诗人，恐怕连那一点点稿费也是没有的。不过，诗歌应该是世界上最为经济的娱乐形式之一（无须娱乐道具、无须娱乐场地、甚至无须专门的娱乐时间）。因此，诗人以及诗歌爱好者们，可以一边抡着锄头干活，一边放开喉咙吟诗。

当然，也有不少诗人有幸为官，小日子本来过得挺滋润。可诗歌却是一种能够提升智商，并鼓动情绪的艺术。在那个混乱的时代，头脑清醒、心潮澎湃的官员诗人们，有时难免会对着阴暗、污浊的朝堂戟指怒目，慷慨陈词。结果，他们只好放弃官位，然后一边游荡，一边去尽情地写诗喽！

抱蕙兰芬 吐蔷薇刺

【注释】

蕙兰：中国原产花卉，被视为清雅、坚贞的象征；蔷薇：中国原产花卉，花枝密布小刺。

【解析】

诗可以怨。尽管诗人的作品，往往不乏讽人刺世的锋芒，但充满诗人内心的，却是对人类、对世界的爱，而不是恨。

骚屈哀民　漆庄避仕

【注释】

骚屈：即战国时代楚国大诗人屈原，著有长诗《离骚》，故后世称之为骚屈；哀民：关心、哀怜人民；漆庄：即战国时代宋国思想家、文学家庄周，庄周曾任漆园吏，故后世称之为漆庄；避仕：拒绝为官。

【解析】

屈原因投身政坛而黯然赴死，庄周因远离政坛而自得其乐，他们分别体现了中国传统文人的两种常态。

盲岂误编 腐犹著史

【注释】

盲：失明，春秋时代鲁国史官左丘明为失明人士，故后世称之为盲左；岂：哪里，表示反问；误：耽误、妨害；编：此处指史册；腐：汉代史官司马迁曾受腐刑，故后世称之为腐迁。

【解析】

失明，也许是最严重的残疾；腐刑，也许是最难忍的侮辱。然而，左丘明与司马迁在遭遇如此挫折之后，仍然能坚持不懈，编撰出史学名著《国语》、《史记》，后世的失意文人们，又有什么理由消极懈怠，怨天尤人呢？

据说，《离骚》、《庄子》（庄周及其弟子所著）、《左传》（左丘明著）、《史记》，被称为中国古代四大奇书。如此看来，明人将《水浒传》、《三国演义》、《西游记》、《金瓶梅》冒称为四大奇书，则不免有些唐突前贤，误导后生了。

萧瑟毫端　扶摇胸次

【注释】

萧瑟：秋风吹袭草木之声，亦可指寂寞、凄凉之景象；毫端：毛笔笔尖；扶摇：暴风由下向上之势，此处比喻豪迈、奋发之心态；胸次：胸间。

【解析】

萧瑟的人生、飘零的身世，未必会影响诗人、才子的心境。

倚案抚膺　破霄振翅

【注释】

倚案：身体靠着书案；抚膺（yīng）：抚摩胸口，表示哀叹、悲愤等；破霄：冲破云霄。

【解析】

诗人们！才子们！不必哀叹，也不必悲愤！给心灵插上翅膀吧！让我们冲破云霄，飞入海阔天空的精神世界……

瑶琴古韵　牙板新腔

【注释】

瑶琴：古琴之美称；牙板：一种打击乐器。

【解析】

瑶琴、牙板俱为中国传统乐器，瑶琴出现的年代应远远早于牙板。此处以瑶琴、牙板，借指诗、词。

濯莲沁酒 漱玉含霜

【注释】

濯（zhuó）莲：此处为“清水出芙蓉”之义（芙蓉乃莲花之别名）；沁：渗入、透出；漱玉：泉水冲石（声若击玉）。

【解析】

一濯一沁、一漱一含，仅看字面，便已妙趣横生。

“酒仙”李白有句曰：“清水出芙蓉，天然去雕饰”，这两句诗恰恰象征着他的诗风。李清照是《漱玉词》的作者，她的后半生饱经风霜、历尽艰苦。因此，“濯莲沁酒”、“漱玉含霜”可以分别看做是李白、李清照的写照。

诗宗老杜　词祖重光

【注释】

宗：尊奉、宗仰；老杜：即诗圣杜甫；祖：效法、承袭；重光：即南唐后主李煜（李煜字重光）。

【解析】

作诗应学杜甫，不宜学李白；填词应学李煜，不宜学苏轼。学杜甫、李煜不成，是所谓“刻鹄不成尚类鹜”；学李白、苏轼不成，是所谓“画虎不成反类犬”。

律工沈宋　艺让苏黄

【注释】

律：指传统诗词的格律；工：擅长、工整，此处义为“比……更擅长、更工整”；沈宋：指初唐诗人沈佺期、宋之问，两人皆以精于格律著称；艺：才艺；让：此处义为“不如、逊色于”；苏黄：指宋代大诗人、大词人、大书法家苏轼、黄庭坚。

【解析】

诗词格律是古人根据汉字特性（单音节、方块字、有四声）逐步探索、研究、制定出来的自觉韵律形式。初唐格律尚未完善，即便是沈佺期、宋之问，在格律方面也未必及得上后世的杜甫、李煜。然而，杜、李二人都只擅长一项文学体裁，论起多才多艺，恐怕就不如苏轼与黄庭坚这两位时代更晚的才子了。

文学亦如科学一般，理应随着社会的发展而不断进步。只有登上巨人的肩膀，才能站得更高，看得更远。

桃源遗迹　柳岸余觞

【注释】

桃源：即桃花源，东晋大诗人陶潜曾作《桃花源记并诗》，表达了自己的人生理想；遗迹：遗留的痕迹；柳岸：即杨柳岸，北宋大词人柳永曾作《雨霖铃》，有句曰：“今宵酒醒何处？杨柳岸、晓风残月”；觞：酒器，此处比喻宋词这一文学形式。

【解析】

“诗庄词媚”。诗更适宜于阐述志向，词更适宜于抒发情感。

艳撩蝶舞　醉激鹰扬

【注释】

艳：绮艳、柔媚，此处承接上文之“桃源遗迹”；撩：撩动、招引；蝶舞：此处比喻婉约的诗风；醉：此处承接上文之“柳岸余觞”；激：激发；鹰扬：威武貌，此处比喻豪放的词风。

【解析】

诗言志，词传情，然而，李商隐式的婉约诗，辛弃疾式的豪放词，在诗坛、词坛也分别占有着一席之地。

曲喧茶社 赋售椒房

【注释】

曲：一种文学体裁，盛行于元代；喧：喧腾；茶社：茶寮、茶馆，此处泛指市井；赋：一种文学体裁，盛行于两汉六朝；椒房：汉代殿名，此处泛指宫廷。

【解析】

曲是典型的通俗文学，赋是典型的高雅文学。也许，太通俗或者太高雅，均不能满足各阶层读者的审美趣味。因此，曲、赋在文学史上的地位，似乎及不上诗、词显赫。

赋以典雅、华丽著称，故而易获得上层人士的青睐。据说，汉武帝废后陈阿娇，曾耗费黄金百斤向大才子司马相如购买了一篇《长门赋》。由此可见，赋家的生活，应该过得比诗人宽裕些。

俚音跌宕　骈句铿锵

【注释】

俚音：民间俚俗之音；跌宕：音调抑扬顿挫；骈句：即对偶句，要求上下句字数相等、结构相对、词类相似，并重视声韵的和谐；铿锵：声调响亮，节奏明快。

【解析】

曲贵俚俗，赋多骈偶，两者各有其独特的审美价值。某些学者认为骈句会限制作者的表达，这显然是一种偏见。骈句创作难度较大，但只要能充分掌握个中技巧，那么自然就可以随心运用，并发挥出散文无法达到的艺术效果。

松龄话鬼　芹圃怜香

【注释】

松龄：指蒲松龄，清代小说《聊斋志异》的作者；话鬼：此处指谈狐说鬼；芹圃：即曹雪芹（雪芹别号芹圃），清代小说《红楼梦》的作者；怜香：怜惜、哀怜女子。

【解析】

《聊斋志异》与《红楼梦》分别代表着中国古代文言短篇小说和白话长篇小说的最高成就。

病魔噬体　呓语牵肠

【注释】

噬（shì）：吞、咬；体：身体；呓语：梦话；牵肠：牵动肝肠，比喻痴恋、思念之情。

【解析】

蒲松龄、曹雪芹都是病魔缠身、穷困潦倒的文人，然而，坎坷的命运却激发了他们的创作灵感。《聊斋志异》、《红楼梦》这两部看似荒唐梦呓的文学巨著，几百年来却令无数读者为之痴恋不已，甚至肝肠寸断。

谦益节妓　晓岚幸倡

【注释】

谦益：指钱谦益，明末名臣，后投降清廷；节妓：贞节之妓女，此处有讽刺之意；晓岚：指纪晓岚（名昀，字晓岚），清代御用文人；幸倡：受君王宠幸的倡优，倡优在古代是“贱业”，不同于当今社会的演员、艺人。

【解析】

“又要做婊子，又要立牌坊”，这句粗鄙不堪的脏话，用在明末大才子钱谦益身上，却是恰如其分。钱谦益早先自命为忠臣、义士，在大明帝国濒临灭亡之际，他和妻子（应为妾室，但钱谦益以正妻之礼待之）柳如是约定投湖殉国。可事到临头，钱谦益却腆着脸对柳如是说道：“水太凉了，咱们还是别往下跳了吧！”然后便跑去磕头剃发，做了清廷的奴才。钱谦益降清之后，未能获得重用，于是他又恼羞成怒，再次把自己打扮成了“爱国志士”，经常在吃饱饭没事干的时候，抛洒着血泪，挥舞着笔墨，作诗缅怀前朝。说实话，钱谦益的诗写

得好像不错，字里行间往往弥漫着一股惊天地、泣鬼神的“忠愤”之情。

纪晓岚是清代御用文人，曾奉乾隆皇帝之命，负责编纂《四库全书》。为了迎合主子需求，他在编书时，对历代典籍进行了大面积的禁毁、削删、篡改，从而制造了一场难以挽救的文化浩劫。然而，他的这份“忠心”，并没有换来相应回报。在乾隆皇帝的眼中，他只不过是一个哈巴狗式的“倡优”而已，根本就没有资格“妄谈国事”。

笔加脂粉　愧及膏肓

【注释】

脂粉：胭脂香粉，此处指粉饰性文字；及：达到；膏肓：此处指内心深处。

【解析】

钱谦益、纪晓岚都是妙笔生花、却又“笔加脂粉”的才子。他们一个为自己涂脂抹粉，一个为清廷涂脂抹粉。不过，这两个人未必不知廉耻。惆怅、惭愧、悔恨，也许一直在煎熬着他们的内心。《新千字文》以钱谦益、纪晓岚作为最后述及的历史人物，此中含义，读者自当明了。

胜境欲描　旧籍易抄

【注释】

胜境：风景优美之处，亦指诗文之美妙意境；欲：想要；描：依样描摹；旧籍：古代典籍；易抄：易于抄袭。

【解析】

熟读前贤名作的学者，往往难免“见贤思齐”，意图临摹古人笔下的优美意境。于是，“置于唐人集中，可以乱真”（和唐人写得一模一样），成为了某些诗人的终极追求。结果，他们制造了一堆分文不值的赝品。

熟谙脉络　勿惑皮毛

【注释】

熟谙（ān）：熟知；脉络：条理；惑：迷恋、迷惑于；皮毛：此处指表层知识。

【解析】

阅读、研读各类书籍（包括《新千字文》），应该摸索、掌握内在条理，不要仅仅着眼于表层知识（如典故、辞藻等）。

行间璀璨　灯下寂寥

【注释】

行（háng）间：文章字句之间；璀璨：光彩夺目；寂寥：寂静、孤独。

【解析】

对于作者而言，只有忍受寂寥，才能创造璀璨。对于读者而言，只有忍受寂寥，才能感悟璀璨。

少年涉涧　壮岁弄潮

【注释】

涉（shè）涧：徒步走过山涧，此处比喻艰辛的学习；弄潮：在浪潮中嬉戏，此处比喻在时代大潮中尽情发挥能力。

【解析】

今天的拼搏，是为了将来的奋进。今天的积累，是为了将来的成就。

请呈朋辈　共励儿曹

【注释】

朋辈：志同道合的友人；儿曹：儿辈，此处亦指子孙后代。

【解析】

所谓“朋辈”，既可以是作者的朋辈，也可以是读者的朋辈。无论如何，希望《新千字文》能流传于世，成为中华儿女乃至世界人民的精神财富。

附录：古《千字文》

梁朝 · 周兴嗣 撰

天地玄黄，宇宙洪荒。日月盈昃，辰宿列张。
寒来暑往，秋收冬藏。闰馀成岁，律吕调阳。
云腾致雨，露结为霜。金生丽水，玉出昆冈。
剑号巨阙，珠称夜光。果珍李柰，菜重芥姜。
海咸河淡，鳞潜羽翔。龙师火帝，鸟官人皇。
始制文字，乃服衣裳。推位让国，有虞陶唐。
吊民伐罪，周发殷汤。坐朝问道，垂拱平章。
爱育黎首，臣伏戎羌。遐迩一体，率宾归王。
鸣凤在竹，白驹食场。化被草木，赖及万方。
盖此身发，四大五常。恭惟鞠养，岂敢毁伤。
女慕贞洁，男效才良。知过必改，得能莫忘。
罔谈彼短，靡恃己长。信使可覆，器欲难量。
墨悲丝染，诗赞羔羊。景行维贤，克念作圣。
德建名立，形端表正。空谷传声，虚堂习听。
祸因恶积，福缘善庆。尺璧非宝，寸阴是竞。
资父事君，曰严与敬。孝当竭力，忠则尽命。
临深履薄，夙兴温凊。似兰斯馨，如松之盛。

川流不息，渊澄取映。容止若思，言辞安定。
笃初诚美，慎终宜令。荣业所基，籍甚无竟。
学优登仕，摄职从政。存以甘棠，去而益咏。
乐殊贵贱，礼别尊卑。上和下睦，夫唱妇随。
外受傅训，入奉母仪。诸姑伯叔，犹子比儿。
孔怀兄弟，同气连枝。交友投分，切磨箴规。
仁慈隐恻，造次弗离。节义廉退，颠沛匪亏。
性静情逸，心动神疲。守真志满，逐物意移。
坚持雅操，好爵自縻。都邑华夏，东西二京。
背邙面洛，浮渭据泾。宫殿盘郁，楼观飞惊。
图写禽兽，画彩仙灵。丙舍傍启，甲帐对楹。
肆筵设席，鼓瑟吹笙。升阶纳陛，弁转疑星。
右通广内，左达承明。既集坟典，亦聚群英。
杜稿钟隶，漆书壁经。府罗将相，路侠槐卿。
户封八县，家给千兵。高冠陪辇，驱毂振缨。
世禄侈富，车驾肥轻。策功茂实，勒碑刻铭。
磻溪伊尹，佐时阿衡。奄宅曲阜，微旦孰营。
桓公匡合，济弱扶倾。绮回汉惠，说感武丁。
俊乂密勿，多士寔宁。晋楚更霸，赵魏困横。
假途灭虢，践土会盟。何遵约法，韩弊烦刑。
起翦颇牧，用军最精。宣威沙漠，驰誉丹青。
九州禹迹，百郡秦并。岳宗泰岱，禅主云亭。

雁门紫塞，鸡田赤城。昆池碣石，钜野洞庭。

旷远绵邈，岩岫杳冥。治本于农，务资稼穑。

俶载南亩，我艺黍稷。税熟贡新，劝赏黜陟。

孟轲敦素，史鱼秉直。庶几中庸，劳谦谨敕。

聆音察理，鉴貌辨色。贻厥嘉猷，勉其祗植。

省躬讥诫，宠增抗极。殆辱近耻，林皋幸即。

两疏见机，解组谁逼。索居闲处，沉默寂寥。

求古寻论，散虑逍遥。欣奏累遣，戚谢欢招。

渠荷的历，园莽抽条。枇杷晚翠，梧桐蚤凋。

陈根委翳，落叶飘摇。游鹍独运，凌摩绛霄。

耽读玩市，寓目囊箱。易輶攸畏，属耳垣墙。

具膳餐饭，适口充肠。饱饫烹宰，饥厌糟糠。

亲戚故旧，老少异粮。妾御绩纺，侍巾帷房。

纨扇圆絜，银烛炜煌。昼眠夕寐，蓝笋象床。

弦歌酒宴，接杯举觞。矫手顿足，悦豫且康。

嫡后嗣续，祭祀烝尝。稽颡再拜，悚惧恐惶。

笺牒简要，顾答审详。骸垢想浴，执热愿凉。

驴骡犊特，骇跃超骧。诛斩贼盗，捕获叛亡。

布射僚丸，嵇琴阮啸。恬笔伦纸，钧巧任钓。

释纷利俗，竝皆佳妙。毛施淑姿，工颦妍笑。

年矢每催，曦晖朗曜。璇玑悬斡，晦魄环照。

指薪修祜，永绥吉劭。矩步引领，俯仰廊庙。

束带矜庄，徘徊瞻眺。孤陋寡闻，愚蒙等诮。

谓语助者，焉哉乎也。

后 记

童年时代，由于家境贫寒，我无缘接受系统、全面的教育。然而，当时却有三本小书，令我读后终身受益，那就是传统启蒙读物《三百千》（《三字经》、《百家姓》、《千字文》）。

成年后，我有幸成为了一名“文化人”。前些年，在一些朋友的开导、鼓励下，我抱着尝试的态度，创作了一篇《新三字经》。未曾想，《新三字经》甫经问世，便获得了来自各方面的支持及好评。感动之余，我觉得自己应该倍加努力，争取写出一些更趋成熟、更趋精美的作品，以报答读者对我的厚爱。

“占祥先生，《新三字经》极力弘扬道德，但却较少涉及历史、文化，这不免是种缺憾。”今年五月，我的忘年交，青年诗人赵缺忽然向我提出了这么一个意见。

“你说得对，我曾经与人民大学出版社的贺耀敏社长探讨过这个问题，贺社长认为，《新三字经》通篇反映了人文精神，因篇幅有限，所以不必求全。并且，目前《新三字经》已

发行数十万册，似乎也不宜再作修改、增补。”

“那么您就再写个《新千字文》，专门谈文论史吧！”赵缺说道。

“这个……”我一时犹豫了起来。三个字的“经”固然难写，可这四个字的“文”恐怕难度更大！我沉吟半晌，终于答道：“你的提议很好，可我担心自己心有余而力不足。”

“有啥好担心的，您就写吧！您连《百花吟》那一百首七律都写了，还能被这《新千字文》给难住不成？”赵缺当即“否决”了我的担心。

我笑了笑，答道：“那行，我写。不过你得和我一起写，否则我到底没有太大把握。”

赵缺爽快地答应了我的要求。从此，我和赵缺开始携手撰写《新千字文》。我提出了“以历史为线，以人物为点，以思想为光，以骈俪为彩”这一构想，并负责搜集资料、谋篇造句、形成初稿，而赵缺则负责推敲润色、增删文字、完善全篇。一有时间，我们就聚在一处，夜以继日地探讨、写作。

赵缺博览史书，精通骈文，与我堪称文字知己。不过，偶尔我们也会发生一些颇为激烈的争论。譬如，《新千字文》第八段的韵脚为“书、儒”等字，可赵缺却在这段文字中，增加了一联以“躯”为韵的句子。在我看来，按普通话念，“躯”

与“书、儒”并不押韵，可赵缺却认为，“躯”、“儒”二字在古代韵书中属于同一韵部。我们俩各持己见，互相辩难，最终只得决定，整篇《新千字文》必须既合今韵，又合古韵。这个决定无疑增加了创作难度，但却能兼顾普罗大众与学者专家的审美需求，从而使《新千字文》拥有更多读者。

据说，梁武帝时期的周兴嗣，只用一夜时间就完成了古《千字文》，而我和赵缺为了撰写《新千字文》，却耗费了若干个不眠之夜。显然，仅看速度，我们是远远不如古人了。不过，我和赵缺并无挑战先贤之意，如果这本《新千字文》能够对普及传统文化乃至复兴东方文艺，起到一点点作用，那我们便心满意足了！

高占祥

2009年10月8日夜